Harutunian
Erfolgreich
telefonieren

Erfolgreich telefonieren

Verhaltensfehler abbauen
Konflikte meistern
Gespräche rationell und sicher führen

von
Margard Harutunian
München

WRS VERLAG WIRTSCHAFT, RECHT UND STEUERN

CIP-Titelaufnahme der Deutschen Bibliothek

Harutunian, Margard:
Erfolgreich telefonieren : Verhaltensfehler abbauen, Konflikte meistern, Gespräche rationell und sicher führen / von Margard Harutunian. – Planegg/München : WRS, Verl. Wirtschaft, Recht und Steuern, 1990
(WRS-Mustertexte : 17)
ISBN 3-8092-0620-2
NE: GT

ISBN 3-8092-0620-2 Bestell-Nr. 00.36

Zeichnungen von Irene von Michel-Triebel

Satz und Druck: Schoder Offsetdruck, Gutenbergstraße 12, 8906 Gersthofen

Inhaltsverzeichnis

Vorwort

In dieser Broschüre habe ich vorrangig Situationen durchleuchtet, die bei **telefonischer Kommunikation** auftreten, angefangen vom richtigen Melden und Buchstabieren über Falschverbindungen, Unterbrechungen des Partners bis hin zu Fehlverhalten, falscher Gesprächstechnik und Konfliktgesprächen.

Da wohl jeder schon einmal Unsicherheiten im Umgang mit schwierigen Gesprächspartnern hatte, wird gewiß auch jeder, der erfolgreich telefonieren möchte, hier ein paar Tips zur besseren Verständigung entdecken.

Die technische Seite des Telefonierens wird von Technikern und anderem Fachpersonal meist umfassend erklärt; deshalb habe ich dieses Thema hier nicht behandelt.

Ich wünsche Ihnen viel Freude beim Lesen und künftig weniger Streß am Telefon.

Margard Harutunian

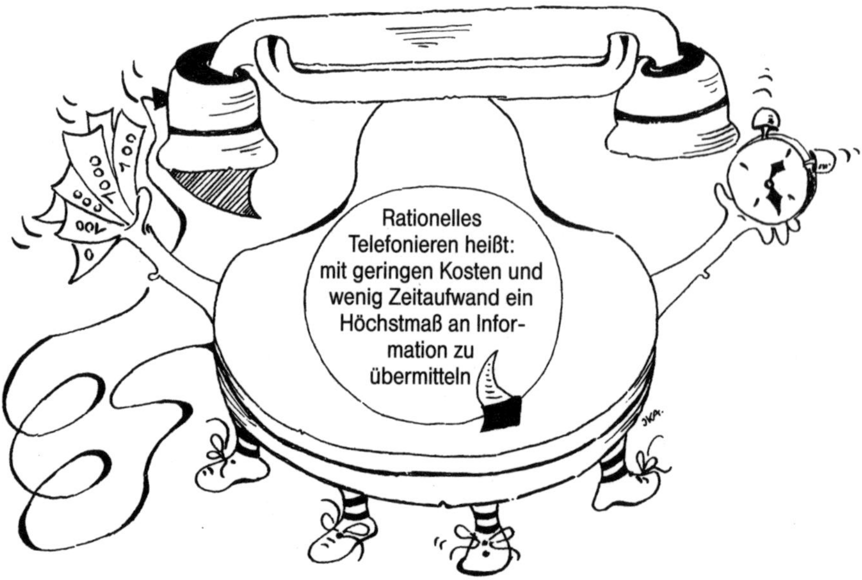

Merke: Die Wirkung nimmt mit der Kürze zu.

1 Standortbestimmung

Wie gut sind Ihre Fähigkeiten, erfolgreich zu telefonieren?

Vielleicht gehören auch Sie zu den Personen, die in regelmäßigen Zeitabständen an Schulungen und sonstigen Weiterbildungsmaßnahmen teilnehmen dürfen.

- Sind Sie aber auch von der Notwendigkeit einer solchen Schulung überzeugt?

- Wissen Sie, in welchem Zeitraum Kenntnisse auf diesem Sachgebiet veralten?

- Sind Sie sicher, daß Sie im richtigen Telefonieren angemessen ausgebildet wurden?

Falls Sie eine dieser Fragen mit „nein“ beantwortet haben, dann sollten Sie sich den Test auf den folgenden Seiten **vorsorglich** einmal **ansehen.**

Es könnte ja sein, daß Sie Ihr Telefonverhalten – und damit vielleicht sogar Fehlverhalten – von anderen übernommen haben.

Sollten Sie allerdings glauben, eine Schulung überhaupt nicht zu brauchen, weil Sie schon jahrelang telefonieren, dann sollten Sie den Test auf jeden Fall **gründlich durcharbeiten.**

Telefontest

(Bitte das ankreuzen, was am ehesten zutrifft)	immer (ja)	meistens	oft	selten	nie (nein)
	A	B	C	D	E
1. Sind Sie beim Telefonieren ausschließlich auf Gespräch und Gesprächspartner konzentriert, das heißt, vermeiden Sie es, nebenbei etwas anderes zu tun?	☒	☐	☐	☐	☐
2. Kommunizieren Sie während des Telefonats mit anderen, zum Beispiel durch Mimik und Gestik?	☐	☐	☐	☒	☐
3. Neigen Sie dazu, den Gesprächspartner zu unterbrechen?	☐	☐	☐	☐	☒
4. Reden Sie den Gesprächspartner auch während des Gesprächs namentlich an?	☐	☐	☐	☐	☒
5. Verwenden Sie bei Negativauskünften die Formulierungen					
● „leider“	☐	☒	☐	☐	☐
● „tut mir leid“	☐	☒	☐	☐	☐
● „bedauerlicherweise“?	☐	☐	☐	☐	☐
6. Überwiegen bei Ihnen Aussagesätze und Aufforderungen anstelle gezielter Fragen?	☐	☐	☐	☒	☐
7. Neigen Sie dazu, in folgenden Gesprächssituationen von Ihrem sachlich-höflichen Ton abzuweichen:					
● bei unsachlichen Gesprächen	☐	☐	☐	☒	☐
● bei Unterstellungen oder unzutreffenden Behauptungen	☐	☐	☐	☒	☐
● bei Negativkritik	☐	☐	☐	☒	☐
● bei Reklamationen?	☐	☐	☐	☒	☐
8. Sind Sie leicht erregbar oder verärgert?	☐	☐	☐	☒	☒

(Bitte das ankreuzen, was am ehesten zutrifft)	immer (ja)	meistens	oft	selten	nie (nein)
	A	B	C	D	E
9. Gelingt es Ihnen, bei Meinungsverschiedenheiten Sachliches und Persönliches auseinanderzuhalten?	☐	☒	☐	☐	☐
10. Können Sie den Grund eines Anrufes schnell erfragen?	☐	☐	☒	☐	☐
11. Benutzen Sie dabei zum Beispiel folgende Fragen:					
● Worum handelt es sich denn?	☐	☐	☒	☐	☐
● Um was geht es denn?	☐	☐	☒	☐	☐
● In welcher Angelegenheit rufen Sie denn an?	☐	☐	☒	☐	☐
12. Vergewissern Sie sich zwischendurch, ob Ihr Partner Sie verstanden hat?	☐	☐	☐	☐	☒
13. Können Sie kurz, gehaltvoll und höflich zugleich reden?	☐	☐	☐	☒	☐
14. Lächeln Sie, bevor Sie den Hörer abnehmen, und ab und zu auch während des Gesprächs?	☐	☐	☐	☒	☐
15. Fallen Ihnen in jeder Situation gleich die richtigen Worte ein?	☐	☐	☐	☒	☐
16. Haben Sie das Gefühl, daß Ihre Gesprächspartner Ihnen interessiert zuhören?	☐	☐	☒	☐	☐
17. Gibt es manchmal Verständigungsschwierigkeiten, weil Sie zu leise oder zu schnell sprechen?	☐	☐	☐	☒	☐
18. Sprechen Sie auch bei Streß oder in Erregungsphasen in ruhigem Ton?	☐	☐	☒	☐	☐

(Bitte das ankreuzen, was am ehesten zutrifft)	immer (ja)	mei- stens	oft	selten	nie (nein)
	A	B	C	D	E
19. Beherrschen Sie das derzeit gültige Buchstabieralphabet von Anton über Kaufmann über Samuel bis Zacharias?	☒	☐	☐	☐	☐
20. Können Sie ein Telefongespräch beenden, ohne knapp, unfreundlich oder abrupt zu wirken?	☐	☐	☐	☐	☒
21. Können Sie auch noch den hundertsten Anrufer in ein und derselben Sache das gleiche Interesse spüren lassen wie den ersten?	☐	☐	☐	☒	☐
22. Beantworten Sie Fragen manchmal mit einem „mhm“ (statt mit „ja“) oder mit einem „hmmhmm“ (statt mit „nein“)?	☐	☐	☒	☐	☐
23. Danken Sie am Schluß des Gesprächs für den Anruf?	☐	☐	☐	☒	☐
24. Verwenden Sie bei längerem Zuhören passende Bestätigungswörter oder Bestätigungssätze?	☐	☐	☐	☒	☐
25. Sprechen Sie am Telefon dynamisch, lebendig, mit guter Betonung?	☐	☐	☐	☒	☐
26. Rufen Sie pünktlich und zuverlässig zurück, wenn Sie es versprochen haben?	☐	☒	☐	☐	☐

Auswertung Telefontest

Bei den Fragen: 1, 4, 9, 10, 12, 13, 14, 15, 16, 18, 19, 20, 21, 23, 24, 25, 26

geben Sie sich für Antwort A ... 4 Punkte
geben Sie sich für Antwort B ... 3 Punkte
geben Sie sich für Antwort C ... 2 Punkte
geben Sie sich für Antwort D ... 1 Punkt
geben Sie sich für Antwort E ... 0 Punkte

Bei den Fragen: 2, 3, 5, 6, 7, 8, 11, 17, 22

geben Sie sich für Antwort A ... 0 Punkte
geben Sie sich für Antwort B ... 1 Punkt
geben Sie sich für Antwort C ... 2 Punkte
geben Sie sich für Antwort D ... 3 Punkte
geben Sie sich für Antwort E ... 4 Punkte

Ergebnis

104 – 90 Punkte	Außergewöhnliche Fähigkeit zum Telefonieren
89 – 75 Punkte	Gute Eignung zum Telefonieren
74 – 65 Punkte	Durchschnittliche Fähigkeit (also schon Einschränkung)
64 – 45 Punkte	Verbesserung dringend erforderlich (Gesprächstechnik und Gesprächstaktik)
44 – 30 Punkte	Deutet auf Unsicherheiten im zwischenmenschlichen Bereich hin
29 – 0 Punkte	Indiskutabel (sozialer Bezug gestört)

2 Die unterschiedlichen Gesprächsarten

Vielleicht ist Ihnen durch den Telefontest erneut bewußt geworden, wieviele Details beim Telefonieren zu beachten sind; deshalb hier zunächst eine kurze Gegenüberstellung der unterschiedlichen Gesprächsarten mit ihren Vorteilen, Nachteilen und Besonderheiten.

Die drei Gesprächsarten

Direktes Gespräch (Partner anwesend)	Indirektes Gespräch (Telefonat)	Schriftliches Gespräch (Brief)
Vorteile Körpersprachliche Signale: Mimik, Gestik, Blickkontakt, Körperhaltung, Gang, äußere Erscheinung; ● weniger Vermutungen ● weniger Mißverständnisse ● weniger Ablenkungen Empfindungen des Partners auch ohne Worte verständlich. Möglichkeit der Demonstration (einmal gesehen ist soviel wert wie tausendmal gehört).	**Vorteile** Alle sichtbar-negativen Signale, die gegen Sie gedeutet werden könnten (Verlegenheit, Erröten, Wut, Langeweile), bleiben am Telefon verborgen.	**Vorteile** ● mehr Zeit zum Nachdenken ● Formulierungsschwierigkeiten sind leichter zu überbrücken ● schriftliches Dokument des Partners vorhanden
Nachteile Eigene Unbeherrschtheit, Unsicherheit, Enttäuschung, Ablehnung, Zweifel, Desinteresse oder Konzentrationsschwäche werden sofort sichtbar. **Merke:** Die Körpersprache zeigt, was Schweigen verhüllen soll.	**Nachteile** ● keine Körpersprache (etwa zwei Drittel unserer Kommunikation laufen sprachfrei ab) ● keine Illustration ● kein Blickkontakt ● erhöhte Gefahr für Mißverständnisse ● ständiger Redezwang, weil Schweigen irritiert	**Nachteile** ● großer Zeitabstand zwischen Rede und Antwort ● Irrtümer und Mißverständnisse können nicht sofort geklärt werden ● neben der Körpersprache fehlt auch noch die „Musik“ des Tones **Merke:** Der Ton macht die Musik.

Wenn Sie nun trotz aller Nachteile beim indirekten Gespräch **wirkungsvoll telefonieren** wollen, empfehle ich folgende **oberste Regel:**

> Am Telefon muß man alles **mindestens einen Ton** höflicher sagen als im direkten Gespräch, da die besonders starken rhetorischen Hilfsmittel Mimik und Gestik fehlen.

Ihr Partner ist darauf angewiesen, Ihre nicht sichtbaren Empfindungen aus der Stimme herauszuhören.

Eine Stimme, die nicht stimmt, verstimmt

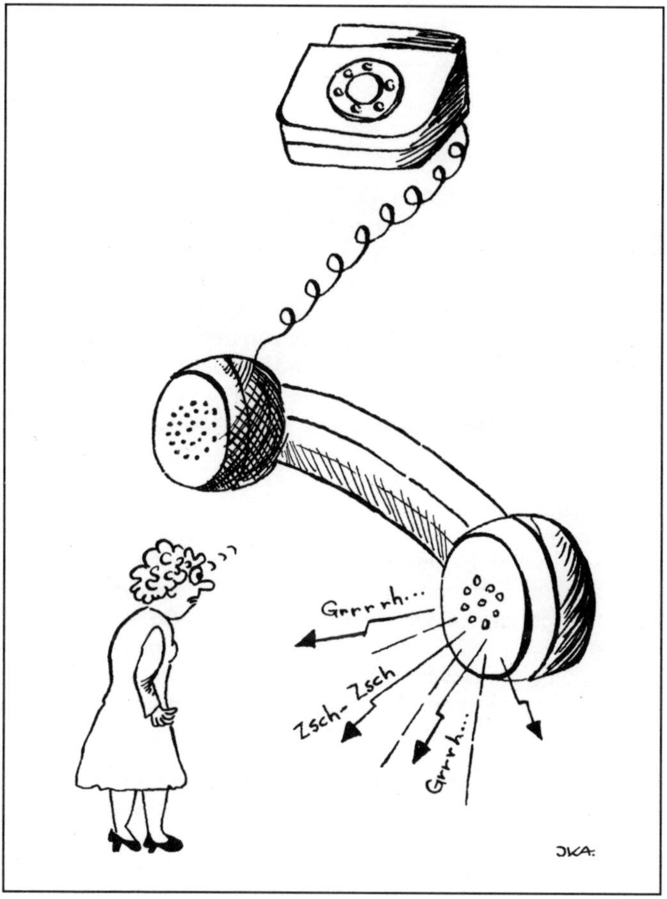

3 Die untrennbaren Merkmale

Bei allen drei Gesprächsarten gehören zum „guten Ton“ folgende untrennbare Merkmale:

- Sachliches
  (keine Vermutungen, sondern Fakten)
- Sprachliches
  (gepflegte Umgangssprache)
- Psychologisches
  (volles Eingehen auf den Partner)

3.1 Sachliches

Im Grunde genommen ist die **Beachtung des Sachlichen** vergleichsweise einfach, wenn man die Aufmerksamkeit auf Fakten lenkt.

Gefährdet ist man in diesem Punkt allerdings dann, wenn man, zum Beispiel bei Differenzen, von der Sache zur Person wechselt – zur eigenen oder der des anderen. Dann nämlich entsteht Unsachlichkeit. Beispiele sind scharfer oder harter Tonfall, Angriff, Beleidigung oder Verteidigung.

3.2 Sprachliches

Aber auch, wenn **Sachlichkeit** oberstes Gebot ist, wäre sie für sich **alleine** gesehen knochenhart oder **scharf** wie eine Rasierklinge; deshalb ist die **Beachtung des Sprachlichen** im weitesten Sinne eine zwingende Ergänzung. Und hier, so meine ich, sollte die Gewissenserforschung schon etwas intensiver betrieben werden. Sie könnten sich etwa folgendes fragen:

- Spreche ich eine gepflegte Umgangssprache?
- Ist sie frei von unverständlichen Fachausdrücken, Fremdwörtern und Abkürzungen?
- Ist sie überregional verständlich, also zumindest dialekt**arm**?

- Sind meine Aussagen für andere **auf Anhieb** verständlich?
- Stimmen Lautstärke, Geschwindigkeit, Betonung/Tonfall und Wortwahl?

Schon diese Punkte der sprachlichen Seite des Telefonierens werden oft sträflich mißachtet, obwohl die Aufzählung noch nicht einmal vollständig ist.

3.3 Psychologisches

Die oben zu ergänzenden Gebote decken sich allerdings zum großen Teil mit dem dritten und am stärksten vernachlässigten Merkmal, nämlich der psychologischen Seite.

Erbringen Sie zum Beispiel die Dienstleistung „Telefonieren" wirklich mit voller Konzentration auf den Partner?

- Sagen Sie die Dinge so, daß sie dem anderen gefallen, das heißt in einer Art, wie sie der andere hören möchte?
- Schaffen Sie es, negative Sachverhalte positiv zu formulieren?
- Könnte man Ihr Gesamtverhalten zum Partner voll auf Sie übertragen, und würden Sie sich dabei wohl fühlen?
- Denken Sie daran, daß Telefonarbeit Öffentlichkeitsarbeit ist, und daß Sie durch Ihr Verhalten Ihr Unternehmen nach außen darstellen?
- Handeln Sie dabei immer im Sinne des Unternehmensziels?

Wenn Ihnen bei dem einen oder anderen Punkt eher ein Nein über die Lippen kommt, dann finden Sie vielleicht in den Folgekapiteln noch einige brauchbare Tips und Hinweise zur **Beachtung psychologischer Aspekte.**

4 Organisation der Telefonarbeit

Frage: Wie organisiert man Telefonarbeit; was sollte man als Anrufer **vor dem Gespräch** wissen?

Anwort:

- Wann der Angerufene am besten zu erreichen ist
- ob der Zeitpunkt günstig ist
- mit wem man sprechen möchte
- in welcher Abteilung der Angerufe arbeitet
- welchen Vertreter man notfalls erreichen möchte
- über welche Punkte man sprechen will (Punkte notieren!!)
- welche Nachricht man bei Abwesenheit hinterlassen möchte (wichtig auch bei Anrufbeantworter)*
- wann man selbst – bei erforderlichem Rückruf – zu erreichen ist
- ob Entlastungsformulare bereitliegen (s. folgende Abb.)

---

* Panisches Verhalten beim Ertönen von Anrufbeantwortern läßt meist nur zwei Deutungen zu:

- mangelnde Vorbereitung und
- Unsicherheit

Gesprächsvorbereitung

Beginn: ______________________________

____

____

Ziel: ______________________________

____

____

Schluß: ______________________________

____

____

Dieses Formular, stichwortartig ausgefüllt, ist eine Hilfe beim Planen **wichtiger** Telefonate; Grund:

– Der unvorbereitete **Einstieg** ins Gespräch ist nicht immer leicht, man druckst herum. Erfahrungsgemäß aber ist ein Gespräch spätestens nach den ersten 10 Sekunden gelaufen, **für** oder **gegen** Sie.

– Außerdem gibt es ganz raffinierte Strategien, Gesprächspartner von ihrem **Ziel** abzulenken, indem man sie emotionell aus der Balance bringt. Also Ziel immer vor Augen haben; so finden Sie bei Ablenkung den roten Faden schneller.

– Was Sie am **Schluß** sagen, wirkt am intensivsten nach; formulieren Sie deshalb positiv, denn jeder Gesprächspartner sollte zufrieden verabschiedet werden. Ein Stichwort hierzu erleichtert Ihnen den Abschluß des Gesprächs und verhindert überstrapazierte Verlegenheitsfloskeln wie: *„Jetzt will ich Ihre Zeit nicht länger in Anspruch nehmen."*

Haben Sie auch schon mal ganz spontan zum Hörer gegriffen, ohne zu bedenken, daß zum Beispiel ein Außendienstmitarbeiter meist nur morgens und abends kurz erreichbar ist, weil er die restliche Zeit „auf Achse“ ist?

Zeiten wahrscheinlicher Erreichbarkeit verschiedener Ansprechpartner

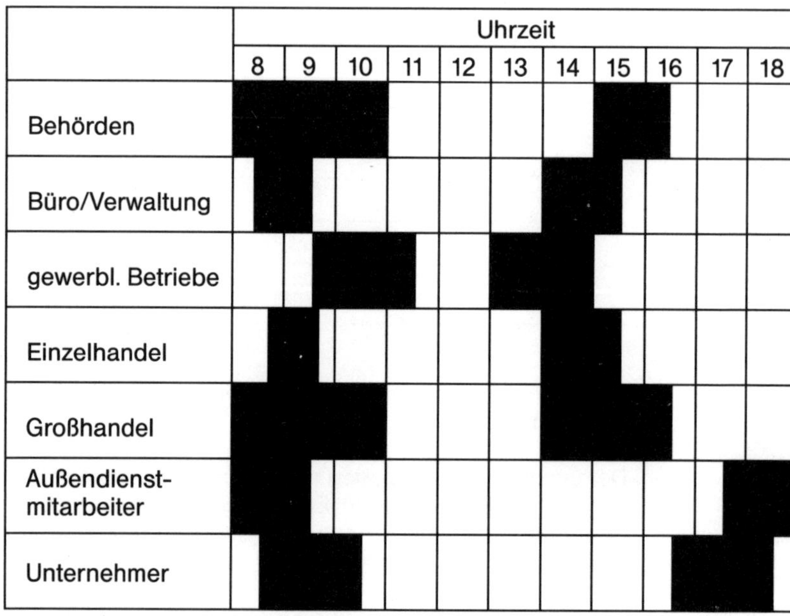

Vielleicht können Sie sich in Anlehnung an diese Tabelle eine Übersicht Ihrer häufigsten Kontaktpersonen anfertigen unter Berücksichtigung unterschiedlicher Arbeits- und Pausezeiten, um noch rationelleres Telefonieren zu gewährleisten.

Für viele Menschen ist doch der Arbeitstag recht stressig; deshalb möchten sie möglichst schnell ihre Ziele erreichen. Die unsinnig-vergebliche Wählerei allerdings hindert sie daran, und das kann ganz schön demotivieren oder verärgern.

Apropos Ärger: Es gibt ja unendlich viele Möglichkeiten, **Anrufer** zu verärgern. Bedenken Sie das eigentlich auch dann, wenn Sie unter Zeitdruck oder "unter Strom" stehen?

Frage: Was ist denn Ihrer Meinung nach alles zu beachten, **bevor** Sie den Hörer abnehmen?

Antwort:

- **Schreibzeug zur Hand nehmen**

  So etwas Banales wie "Schreibzeug zur Hand nehmen" wage ich gar nicht zu empfehlen, obwohl mich gerade wegen Mißachtung dieses Punktes mein Name oft eine Menge Geld kostet; diese Häufung sinnloser Silben ist nicht jedem verständlich, und die Suche nach Schreibzeug wird oft teuer, besonders bei Auslandsgesprächen.

- **Laufende Unterhaltung beenden**

  Durch Weitersprechen nach dem Abnehmen demonstriert man ja außer schlechten Manieren ohnehin nichts, keinesfalls jedoch die eigene Wichtigkeit.

- **Mund frei**

  Laut Fachausschuß für Umgangsformen ist zum Beispiel Kaugummi im Mund gleichzusetzen mit Brötchen im Mund (gilt als rücksichtslos).

- **Störende Geräusche ausschalten**

  Vorher bitte, nicht nachher! Zeit- und Gelduhr des anderen laufen ja schon. (Wie halten Sie's denn im privaten Bereich, wenn Radio, Fernseher oder Plattenspieler laufen und das Telefon klingelt?)

- **Konzentration auf das Gespräch**

  Andernfalls könnten Sie sich – (gedanklich noch im Streß) – hektisch melden. So entsteht leicht der Eindruck: "Mach schnell, ich habe keine Zeit"; also demonstriertes Desinteresse.

- **Lächeln**

  Nicht nur Sie wirken dadurch entspannter, sondern auch Ihre Stimme. Außerdem ist Lächeln Balsam für die Seele.

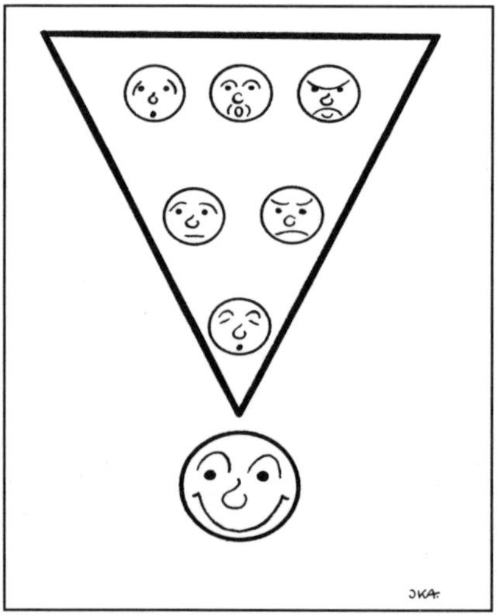

Der Resonanzbogen

– eine Voraussetzung für überzeugende Argumentation –

5 Gesprächstechniken/Gesprächstaktiken

5.1 Dynamische Ausdrucksweise

Wie schon bei den untrennbaren Merkmalen kurz erwähnt, ist auch die **dynamische Ausdrucksweise** eine Mindestvoraussetzung dafür, andere zu überzeugen. Anders ausgedrückt:

Wenn Sie zum Beispiel zu leise, zu schnell oder ohne Betonung in einem Zuge alles runternuscheln, wenn also rhythmische Einteilung, Tempo und Lautstärke nicht stimmen, dann werden Sie sicher vergebens auf ein positives Echo vom anderen Ende der Leitung warten.

Auch jemand, der oft mitten im Satz nach Luft japst, wirkt nicht sehr überzeugend; es geschieht ja doch meist aus Unsicherheit oder Erregung. (Nebenbei: Richtiges Atmen kann man lernen.)

5.2 Überzeugende Argumentation

Wenn Sie sich also zum Ziel setzen, weder monoton noch pastoral, sondern wirklich dynamisch zu reden, dann brauchen Sie nur noch einige Hinweise zur Gesprächs**taktik** zu beachten, um Ihre Überzeugungskraft zu steigern:

So wirken Sie zum Beispiel glaubwürdig und souverän, wenn Sie, besonders bei Differenzen, **Nein-Antworten** strikt **vermeiden;** eine zwingende Notwendigkeit, denn zunächst einmal hat ja **von seinem Standpunkt aus jeder recht,** auch wenn er offensichtlich unrecht hat. Aber er sieht eben die Dinge anders als Sie, und das müssen Sie akzeptieren, also **bejahen** und **konstruktiv besprechen.**

Beispiel: *„Das kann man sicher so betrachten, nur sollte man auch bedenken, daß ..."*

(Weitere Beispiele siehe Seite 25.)

Sagen Sie also **"ja"** zum Standpunkt des anderen, und äußern Sie dann Ihre Ansicht.

Mit einem direkten „Nein“ oder einer verneinenden Antwort würden Sie dem Gesprächspartner sofort ein Mißerfolgserlebnis vermitteln und ihn damit in den Schatten stellen; somit wäre der negative Gesprächsverlauf programmiert.

Laß andere auch glänzen

5.3 Die Yes-But-Methode (Ja-Aber-Technik)

Um es gleich vorwegzunehmen: Die gute Idee von der Ja-Aber-Technik, die wir kritiklos wie das meiste übernommen haben, ist oft falsch verstanden oder angewandt worden, zum Beispiel dann,

- wenn ständig nur „ja – aber“ gesagt wird
- wenn andere Formulierungen nicht ideenreich sind
- wenn Denken und Sprechen nicht übereinstimmen

In dieser Form würde auch ich die gutgemeinte Methode ablehnen; ein runtergenudeltes Kochrezept wirkt eben nicht glaubwürdig, im Gegenteil: Man erkennt die Absicht und ist verstimmt.

Ein paar Beispiele empfehlenswerter Formulierungen enthält folgende Tabelle:

Die Ja-Aber-Technik (Yes-But-Methode)

– Beispiele –

Ja ⟶	**aber**
1. *Ich bin weitgehend Ihrer Meinung, ...*	*... gebe jedoch zu bedenken, daß...*
2. *Ich kann Ihre Auffassung gut verstehen, ...*	*... meine jedoch, daß die und die Punkte noch zu bedenken sind.*
3. *Im großen und ganzen habe ich die gleiche Einstellung, ...*	*... in einigen Punkten allerdings sehe ich die Dinge anders.*
4. *Das klingt gut; ...*	*... zusätzlich sollte man allerdings noch beachten, daß ...*
5. *Natürlich ist dieser Umstand mitzuberücksichtigen ...;*	*... ganz wesentlich scheint aber auch die Tatsache, daß ...*
6. *Das kann man sicher so betrachten ...;*	*... nur sollte man auch bedenken ...*
7. *Ihr Einwand ist durchaus verständlich ...,*	*... wobei allerdings zu beachten ist, daß ...*
8. *Auf diese Meinung stoßen wir häufig ...,*	*... nur darf nicht übersehen werden, daß ...*

Am besten ist die **Ja-Und-Methode.** Also Aussagen anderer ergänzen, statt zu verneinen.

Im Grunde genommen möchte man mit solchen und ähnlichen Formulierungen sagen: *„Ich respektiere Ihren Standpunkt, den ich mit meinem Standpunkt lediglich ergänzen möchte."*

Hierbei werden also andere nicht niedergemetzelt. Denn vorrangig präsentieren wir doch durch die Art unserer Kommunikation nicht uns, sondern das Unternehmen, in dem wir arbeiten.

5.4 Frageform und Einwandbehandlung

Dieses Kapitel hat viel mit dem vorangegangenen Abschnitt zu tun; es ist eine Art Ergänzung. Deshalb hier gleich zwei weitere Sünden, die Sie **unbedingt unterlassen** sollten:

- Negativbeginn
- Negativschluß

Viele Menschen neigen dazu, Gespräche negativen Inhalts auch negativ zu beginnen. Damit stellen sie aber nicht nur Enttäuschung **vor** die Mitteilung, sondern sie verdoppeln auch das Negative und manipulieren den Gesprächspartner in die falsche Richtung. So etwas hat Suggestivwirkung.

Vermeiden Sie dieses unpsychologische Vorgehen, und beachten Sie hierzu:

Regel 1:

> Beginnen Sie **kein** Gespräch negativ, gleichgültig, ob es sich um ein direktes, indirektes oder schriftliches Gespräch handelt.

Regel 2:

> Formulieren Sie Negatives positiv, **zumindest** jedoch **wertfrei.**

Beispiele:

Negativ: *„Herr L. ist bedauerlicherweise nicht zu erreichen."*

Besser: *„Herr L. ist voraussichtlich um ... Uhr wieder zu erreichen."*

Negativ: *„Leider muß ich Sie darauf hinweisen, daß Sie Herrn X erst nächste Woche wieder sprechen können."*

Besser: *„Die Rückkehr von Herrn X verzögert sich zwar etwas, aber ab ... ist er wieder zu sprechen."*

Negativ: *„Es tut mir leid, daß sich die Lieferung verzögert hat."*

Besser: *„Entschuldigen Sie bitte den Lieferverzug."*

Negativ: *„Dann hätten Sie die Bestellung eben lesen müssen, bevor Sie unterschreiben."*

Besser: *„Sobald uns, wie in Ihrem Fall, eine unterschriebene Bestellkarte vorliegt, wird die Ware geliefert."*

Ganz nebenbei: Die Formulierung „es tut mir leid" ist eine Ellipse (ein Auslassungssatz) und heißt eigentlich „es tut mir ein Leid an". Und wäre das jedesmal ehrlich gemeint, würden Sie aus dem Leiden gar nicht mehr rauskommen.

Das **Schwergewicht** Ihrer Aussage sollte immer auf dem liegen, was für den Partner **positiv, beruhigend** oder **erfreulich** ist.

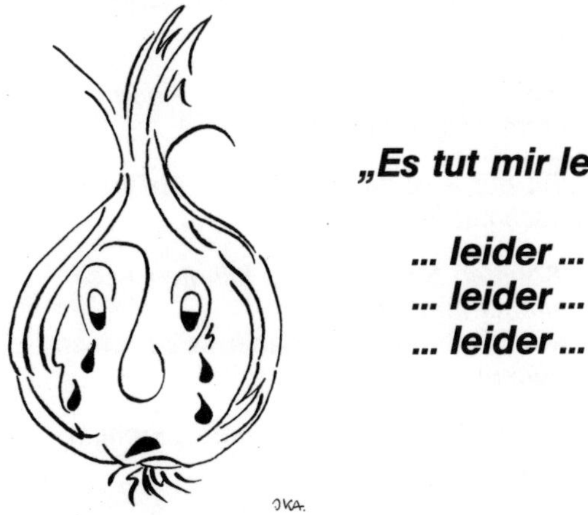

Das gleiche gilt für den Schluß:

- Vermeiden Sie das viel zu häufige „leider, leider, leider".
- Wärmen Sie am Schluß niemals Negatives auf (man soll ja schlafende Hunde nicht wecken).

Außerdem nennt man die Konzentration auf Negatives **„verzerrte Kommunikation"**. Wenn man sich zum Beispiel auf **eine negative** Eigenschaft bei einem Menschen konzentriert, dann rennt man sich oft so fest, daß man blind wird für all das Positive, was er zweifellos auch an sich hat.

Und das ist übertragbar von Personen auf Situationen.

Eine weitere Möglichkeit, Negatives besser rüberzubringen, ist die **Frageform.** Sollten Sie zur Zeit noch die „Sagetechnik" bevorzugen (Aussagen, Feststellungen, Appelle), dann ergötzen Sie sich offensichtlich am Monolog.

Möchten Sie allerdings den Partner aktivieren, motivieren, stimulieren, also einen Dialog führen, dann steigen Sie möglichst schnell ein in die **Fragetechnik.**

Merke: In der Frage liegt die Macht.

Beispiele:

Negativ: *„Da müssen Sie leider noch etwas warten."*

Besser: *„Können Sie sich bitte noch einen Moment gedulden?"*

Negativ: *„Tut mir leid, da müssen Sie später nochmal anrufen."*

Besser: *„Könnten Sie bitte in ... Minuten noch einmal anrufen?"*
(wenn man nicht ohnehin selbst einen Rückruf anbietet)

Negativ: *„Da muß ich Sie mit seiner Sekretärin verbinden."*

Besser: *„Darf ich Sie mit seiner Sekretärin verbinden?“*

Vielleicht fällt es Ihnen ab und zu noch leichter, **der Wahrheit die mildeste Form zu geben,** wenn Sie sich fragen: „Wie hätte ich's denn gern?“

Man spricht hier von der bereits kurz erwähnten Umkehrbarkeit der Reaktion, die besonders im Kapitel „Kritik“ (Seite 63) eine wichtige Rolle spielt.

6 Häufigste Verstöße bei telefonischer Gesprächsführung

Und hier noch einmal eine kurze Zusammenfassung wesentlicher Gesprächs- und Verhaltensfehler beim Telefonieren auf einen Blick:

- Unsicherheit im Ausdruck
- falsche Wortwahl
- Unkenntnis korrekter Gesprächstechniken (z. B. Gesprächsdauer, Arten des Zuhörens, Fragetechnik)
- zu zeitraubende Vorreden
- zu starker Dialekt
- fehlende Modulation (Betonung)
- Unkenntnis der Gesprächstaktiken (z. B. Ich-Botschaft*, Ja-aber-Technik**, Umkehrbarkeit der Reaktion***)
- unkonzentriertes Zuhören (Wichtiges wird überhört)
- Unterbrechung des Partners
- Abwürgen des Partners
- scharfer oder belehrender Tonfall
- unfreundliches Verhalten/Überheblichkeit
- fehlende Diplomatie
- indiskrete Fragestellung
- Hemmungen/Ängste/Erregung
- fehlende Bestätigung der Aufträge/kein Feedback
- zu lange Monologe/fehlender Dialog
- zu viele Argumente auf einmal
- zu rationales Reden/zu kopflastig
- zu komplizierte Ausdrucksweise (Fachausdrücke/Fremdwörter)
- falsche Anreden/verstümmelte Namen
- zu viele Negativformulierungen

---

* Seite 64
** Seite 25
*** Seite 17, 29

Die meisten dieser Fehler sind psychologisch bedingt, und damit zeigt sich wiederum deutlich der Zusammenhang von Kommunikation und Selbstwertgefühl.

Bei fehlendem oder gestörtem Selbstwertgefühl tritt ja automatisch dessen Gegenspieler auf, nämlich das Minderwertigkeitsgefühl. Und ein besonders deutliches Merkmal fehlender Selbstachtung ist zum Beispiel die Mißachtung und Entwertung anderer. Man kann eben nicht geben, was man nicht hat.

Man kann nicht geben, was man nicht hat.

7 Verhalten bei unsachlicher Kritik

Frage: Wie sollte man sich verhalten, wenn man unsachlich kritisiert oder eine Beschwerde unsachlich vorgetragen wird?

Antwort:

- **Interessiert zuhören**

  Auf diese Weise bleiben Sie im Kopfbereich, heizen sich emotionell nicht an, und der andere fühlt sich ernstgenommen.

- **Abwehrsignale vermeiden**

  Werfen Sie kein Streichholz ins Pulverfaß!

- **Kritik gemäßigt zusammenfassen (Feedback)**

  So hört der andere seine Aussage noch einmal ohne Erregung und kann entweder noch den letzten Dampf rauslassen (wichtig!) oder sich korrigieren, um „Gesicht zu wahren".

- **Bereitschaft für Veränderungen zeigen**

  Flexibilität ist alles! Außerdem ist das ganze Leben ein Kompromiß.

- **Verbesserungsvorschläge machen oder erbitten**

  Nur, wer eine Sache selbst besser machen, zumindest jedoch durchführungsreife Verbesserungsvorschläge anbieten kann, ist ein ernst zu nehmender Kritiker; alles andere ist Nörgelei (= Entwertungssucht).

- **Persönliches von Sachlichem trennen**

  Das heißt: Weder andere angreifen noch sich selbst angegriffen fühlen.

- **Akzeptables bestätigen**

Wenn es Ihnen künftig gelingt, diese Verhaltsregeln zu beachten, dann werden Sie auch bei grob-unsachlicher Kritik nicht gleich in die Luft gehen.

Manchmal kann man beim Telefonieren in die Luft gehen ...

8 Die unterschiedlichen Arten des Zuhörens

Sie sollten deshalb nicht mit Beleidigung, Verteidigung, Gegenangriff auf unsachliche Kritik reagieren, sondern durch interessiertes Zuhören. Da dies auch eine Voraussetzung für die richtige Entgegennahme von Reklamationen und Beschwerden jeder Art ist, hier noch ein Hinweis auf die unterschiedlichen Arten des Zuhörens:

8.1 Schweigendes Zuhören

Merkmal: Bestätigungswörter, zum Beispiel „aha, tatsächlich, genau, richtig, ach so, interessant, ja, ja, ich verstehe"

Anzuwenden, wenn andere sich etwas von der Seele reden müssen (erhöhtes Mitteilungsbedürfnis).

Wenn also ein Anrufer emotionell etwas aus der Balance gekommen ist, dann steigt blitzartig sein Mitteilungsbedürfnis; deshalb sollten Sie **vorrangig** ihn reden lassen und Ihr Interesse durch passende Bestätigungswörter zeigen.

Totales Schweigen wäre falsch, weil es den Partner irritiert, aggressiv macht oder Desinteresse vermuten läßt; das könnte allerdings auch passieren, wenn Sie als Bestätigungswort pausenlos nur „mm, mm, mm" sagen.

8.2 Aufmerksames Zuhören/Aufmerksamkeitsverhalten

Merkmal: Bestätigungssätze

Anzuwenden, wenn andere stimuliert, aktiviert, motiviert werden sollen.

Sollte Ihnen zum Beispiel jemand seine eigene Glanzleistung schildern, dann gehen Sie bitte bestätigend darauf ein, und versiegeln Sie Ihren Mund, wenn es Sie gelüstet, ihn zu überbieten oder Zweifel anzumelden.

8.3 Aktives Zuhören

Merkmal: Feedback (Rückmeldung)

Anzuwenden, wenn der Sachverhalt schwierig oder komplex ist, zum Beispiel bei Bestellungen oder Terminabsprachen.

Auch eine Sekretärin, die gebeten wird, längere Nachrichten zu übermitteln, handelt falsch, wenn sie diese nicht ratenweise wiederholt. Es genügt keinesfalls, ständig zu sagen: *„Ja, ist gut, alles klar, richte ich aus."* Damit hat der andere noch keine Sicherheit, ob das Gehörte auch richtig verstanden wurde.

Da die Fähigkeit zur geistigen Konzentration bei vielen Menschen abgenommen hat, empfiehlt es sich, die Gesprächsführung zu ändern. Holen Sie sich Ihre Aussagen durch unterschiedliche Fragen zurück, das heißt, lassen Sie sie in veränderter Form wiederholen. Dadurch erhöht sich die Aufmerksamkeit und Mißverständnissen wird vorgebeugt.

An dieser Stelle empfehle ich einen Merksatz, der mir selbst oft große Hilfe war:

Merke: Gesagt ist noch nicht gehört,
gehört ist noch nicht verstanden,
verstanden ist noch nicht einverstanden.

Der Herr gab uns zwei Ohren, aber nur einen Mund, damit wir mehr zuhören als reden.

9 Gesprächsdauer bei Dialogen

Haben Sie eigentlich schon einmal darüber nachgedacht, wie lange Sie bei einem Dialog reden dürfen, bevor der andere wieder zu Wort kommen sollte?

Haben Sie vielleicht auch schon einmal darunter gelitten, daß jemand „eine Ewigkeit“ lang sein Lieblingsthema breittrat, ohne Luft zu holen und ohne Ihre tödliche Langeweile zu beachten?

Dann kennen Sie den Schmerz, der täglich unzähligen Menschen zugefügt wird; aber wie heißt es so schön: „Keine Heilung ohne Schmerz.“

Hier ist das **Rezept** dazu:

Gesprächsdauer bei Dialogen

ideal:	30 Sekunden
maximal:	50 Sekunden

Jetzt höre ich Sie direkt sagen: „Unmöglich, das geht ja gar nicht. Wie soll ich denn in dieser Zeit meinen dreiwöchigen Tunesienurlaub minutiös erzählen, bis hin zum Kamelritt in der Wüste?“

Stimmt, da haben Sie recht, das geht wirklich nicht in dieser Zeit, soll ja auch nicht, aber den anderen zu Wort kommen lassen nach dieser Zeit, das müssen Sie! Sonst wird es ein zu langer Monolog, und der andere schaltet ab. Stellen Sie einfach zwischendurch offene Fragen, zum Beispiel:

„Wohin reisen Sie denn im Urlaub?“
„Welches Land bevorzugen Sie denn?“
„Wie ist denn Ihre Meinung dazu?“
→ Antwort offen

Sehen Sie, und nach diesem Einbeziehen des Partners beginnt ja das Gespräch quasi wieder bei Null, ohne daß Unmut oder Langeweile beim Partner aufkommt.

10 Hauptfehler beim Telefonieren

10.1 Vorstellung und Begrüßung am Telefon

Situation des Angerufenen

Apropos **Unmut:** Die Gelegenheiten, in denen er sprießt, wächst, Früchte trägt sind vielfältig. Gehen wir's mal der Reihe nach durch.

Vorgeschichte Falschlieferung, Lieferverzug, defektes Gerät oder ungerechtfertigte Mahnung.

Ärger!! Man will ihn **so schnell wie möglich** loswerden, aber die Leute am anderen Ende der Leitung sind nicht schnell!! Das ewige Läuten strapaziert Herz und Trommelfell. Die Zeit rennt. Die Wut schaukelt sich hoch und verdirbt das Gespräch noch ehe es beginnt.

Endlich eine menschliche Stimme am anderen Ende der Leitung, und die erzählt einen Roman, bestehend aus:

Firmenname (lang)
Abteilung (lang)
Personenname(n) (Doppelnamen sind Mode)
Gruß (wird bei Anrede wiederholt)

Und das alles, obwohl man einen Brief mit der Durchwahl in der Hand hält oder im anderen Fall vielleicht schon von der Zentrale erfahren hat, wo man gelandet ist.

Dazu kommt, daß eine Telefonistin, die zirka hundertmal am Tag dasselbe Lied singt, den Ton vielleicht doch nicht mehr ganz trifft, und was dabei rauskommt, nennt man Dissonanz oder Mißklang.

Eine solche Dissonanz entsteht garantiert auch, wenn man sich zu schnell, zu leise oder zu militärisch meldet, ganz abgesehen von der wenig informativen Falschmeldung *„hallo“, „ja“, „bitte“.*

Aber – wie gesagt – auch eine mit Überschallgeschwindigkeit runtergeleierte Litanei wird von den wenigsten Anrufern gespeichert.

Da es nun für die unterschiedlichsten Firmen, Behörden, Institutionen nicht nur ein einziges Patentrezept für richtiges Melden geben kann, gilt folgende **Empfehlung:**

- Freundlich, klar, **prägnant** mit Augenmerk auf das Hauptinteresse Ihrer Anrufer melden.

Falschmeldungen

Beispiel: Für Anrufer, die von Ihnen Geld wollen, ist sicher die „Schadens- oder Kreditabteilung" wichtiger als ein zu langer „Firmenname". Wenn es also interne Satzungen zulassen und Mißverständnisse ausgeschlossen sind, könnte man Firmennamen mit Überlänge beim Melden durchaus stutzen; denn zu berücksichtigen, daß heute die wenigsten Menschen überschüssige Zeit haben, ist ja Rücksichtnahme.

Situation des Anrufenden

Auch hier wird ähnlich gesündigt wie im vorangegangenen Fall, und auch hier gilt: **„weniger ist mehr".**

In der Regel nennt man als Privatperson (Vor- und) Zunamen, als Angestellter Firma und den eigenen Namen; Zusätze nur bei zwingender Notwendigkeit.

Wann Sie den Gruß entbieten, hängt von der Situation ab; nur mehrfach brauchen Sie nicht zu grüßen. Das wird leicht als übertriebene Freundlichkeit empfunden und als Unaufrichtigkeit interpretiert. Das gleiche gilt übrigens für den Namen des Partners: zwanzigmal je Minute genannt wirkt penetrant.

Ich rate zum Beispiel von folgender Meldeformel ab, die ein bekanntes Unternehmen neuerdings ihren Mitarbeitern aufzwang:

Fehler: *„Hier spricht Baumgartner, ... Susanne Baumgartner von der Altstadt-Computer AG aus Frankfurt, guten Tag.“ (Und das zigmal täglich!)*

Begründung: Ich habe dazu prickelnde Neuigkeiten aus erster Hand, und zwar von entnervten Telefonpartnern, denen man auf diese Weise die Zeit tötet: Sie mögen diese Zeitdiebe nicht.

10.2 Fehlverhalten bei Verständigungsschwierigkeiten

Frage: Was sollte man sagen, wenn man den Namen des Anrufers oder des Angerufenen nicht verstanden hat?

Fehler: *„Wie war der Name?“*

Begründung: **Er war** ja nicht, er **ist** immer noch.

Fehler: *„Mit wem spreche ich?“*

Begründung: Mit einem Menschen natürlich, mit wem denn sonst?

> **Merke:** Unklare Fragen ergeben unklare Antworten.

Verbesserungsvorschläge:

- *„Verzeihung, ich habe Ihren Namen nicht verstanden“* (Ich-Botschaft)
- *„Darf ich Sie noch einmal um Ihren Namen bitten?“* (Frage)
- *„Könnten Sie den Namen bitte wiederholen?“* (Frage)

Fehler:

- *„Das müssen Sie mir schon buchstabieren.“*

- *„Buchstabieren Sie das bitte mal."*

Begründung: Verwandeln Sie Appelle und Forderungen in Fragen.

Verbesserungsvorschläge:

- *„Würden Sie mir Ihren Namen bitte buchstabieren?"*
- *„Könnten Sie das bitte buchstabieren?"*

Bei meinen Telefonseminaren sind mir übrigens zwei Gruppen aufgefallen:

Gruppe 1 überfordert den Partner beim Buchstabieren durch Rasanz (Mitschreiben unmöglich).

Gruppe 2 beherrscht das derzeit gültige Buchstabieralphabet nicht (siehe Seite 41).

Folge: Verstümmelte Kommunikation.

Erfahrungsgemäß unterbleibt aus Peinlichkeit oft die Rückfrage, was wiederum zu Mißverständnissen oder Doppelanrufen führen kann.

Frage: Was tun Sie, wenn der Angerufene **Ihren** Namen nicht verstanden hat?

Fehler: Vermeiden Sie ärgerliche, ungeduldige oder überbetonte Namenswiederholung.

Begründung: Das reizt den Partner und spricht gegen **Sie,** denn **Sie** haben ja unverständlich gesprochen.

Verbesserungsvorschlag: Wiederholen Sie den Namen etwas langsamer und deutlicher **ohne** Überbetonung, oder fragen Sie:

- *„Darf ich Ihnen meinen Namen buchstabieren?"*

Im Zweifelsfall schreiben Sie beim Buchstabieren mit, damit Sie sich in der Geschwindigkeit nicht vergaloppieren.

Buchstabieralphabete

Deutsch		International	NATO	Englisch	Französisch
A	= Anton	Amsterdam	Alpha	Able	Anatole
Ä	= Ärger	–	–	–	–
B	= Berta	Baltimore	Bravo	Baker	Berthe (Benjamin)
C	= Cäsar	Casablanca	Charly	Charly	César
CH	= Charlotte	–	–	–	–
D	= Dora	Dänemark	Delta	Dog	Désirée
E	= Emil	Edison	Echo	Easy	Emile (Edouard)
F	= Friedrich	Florida	Foxtrott	Fox	François
G	= Gustav	Gallipoli	Golf	George	Gaston
H	= Heinrich	Havanna	Hotel	How	Henri
I	= Ida	Italia	India	Item	Isidore
J	= Julius	Jerusalem	Juliett	Jig	Jean
K	= Kaufmann	Kilogramm	Kilo	King	Kléber
L	= Ludwig	Liverpool	Lima	Love	Louis (Lazare)
M	= Martha	Madagascar	Mike	Mike	Marie
N	= Nordpol	New York	November	Nan	Nicolas
O	= Otto	Oslo	Oskar	Oboe	Oscar
Ö	= Ökonom	–	–	–	–
P	= Paula	Paris	Papa	Peter	Paul (Pierre)
Q	= Quelle	Quebec	Quebec	Queen	Quebec
R	= Richard	Roma	Romeo	Roger	Robert
S	= Samuel	Santiago	Sierra	Sugar	Suzanne (Samuel)
Sch	= Schule	–	–	–	–
T	= Theodor	Tripolis	Tango	Tare	Théophile
U	= Ulrich	Uppsala	Uniform	Uncle	Ursule
Ü	= Übermut	–	–	–	–
V	= Viktor	Valencia	Viktor	Victor	Victor
W	= Wilhelm	Washington	Whisky	William	Wagon
X	= Xanthippe	Xanthippe	X-ray	X-ray	Xavier
Y	= Ypsilon	Yokohama	Yankee	Yoke	Yvonne
Z	= Zacharias	Zürich	Zulu	Zebra	Zoé

Beim Phonodiktieren und Telefonieren im Inland ist das deutsche Buchstabieralphabet zu benutzen, bei Auslandsgesprächen das jeweils zutreffende Alphabet.

Fehler: Unbekannte Wortvergleiche und damit Überforderung des Partners.

Begründung: Als schnelle Hilfe kann man sicher unverständliche Namen wie „Alt“ mit „Jung“ vergleichen oder „Arm“ mit „Reich“.

Wenn Sie jedoch bei Namensvergleichen die Historie heranziehen wollen, zum Beispiel „Wuttelsberger wie das süddeutsche Fürstengeschlecht“, da empfehle ich Zurückhaltung. Auch hier gilt es, andere nicht in den Schatten zu stellen.

10.3 Fehlverhalten ausländischen Anrufern gegenüber

Überheblichkeit und Anmaßung sind auch der Grund für belehrenden Tonfall und unberechtigte Duzerei bei ausländischen Anrufern; beschämend und besonders abgefeimt deshalb, weil sich die Geduzten wegen indirekter Abhängigkeit meist nicht wehren können oder wollen.

Ich bin sicher, daß wir uns im umgekehrten Falle diese laute Verbrüderung mit Vehemenz verbieten würden, zumal es sich ja hier um ein degradierendes Du handelt und auch so empfunden wird.

Ausländer

Bei aufkommender Ungeduld über Verständigungsschwierigkeiten könnten Sie sich ohne weiteres auch mal fragen, wer hier eigentlich wem überlegen ist: der Gast, der Ihre Sprache nicht voll beherrscht, oder Sie, die weder Kenntnisse in der Fremdsprache noch Kenntnisse in Gesprächstaktik haben.

10.4 Anonyme Anrufer

Situation: Sie haben von Ihrem Chef die klare Anweisung, den Namen jedes Anrufers zu erfragen.

Frage: Was tun Sie, wenn ein Anrufer seinen Namen nicht genannt hat oder nicht nennen will und im Befehlston den Chef verlangt?

Fehler: Vermeiden Sie undiplomatische Formulierungen wie:

„Wenn Sie **mir** *den Namen nicht nennen, kann* **ich** *Sie nicht weiterverbinden."*

„Tut mir leid, **ich** *brauche erst Ihren Namen, sonst kann* **ich** *Sie nicht mit Herrn X verbinden."*

„Worum geht es denn?"

Verbesserungsvorschläge:

1. Sie erbitten den Namen in unbeeinflußt höflicher Form: *„Darf ich Sie um Ihren Namen bitten?"*

2. Bei erneuter Weigerung weisen Sie auf den Auftrag hin, die Namen aller Anrufer zu erfragen.

3. Sie bitten den Anrufer, sein Anliegen schriftlich vorzutragen.

Ausnahme:

4. Im **Ausnahmefall,** wenn es zur Zufriedenheit des Anrufers beiträgt, könnten Sie auch eine vergebliche Verbindung vortäuschen, zum Beispiel: *„Ich handle zwar jetzt der Anweisung meines Chefs zuwider, aber ich riskiere es mal"* (Knopf-

druck, Hörer zur Seite legen, wieder einschalten).

Begründung: Anonyme Anrufer haben oft die Horrorvision, der Willkür einer „Tippse" ausgeliefert zu sein, wogegen sie es ihrem Image doch schuldig sind, nur mit Menschen höchster Kompetenz zu reden (Selbstüberschätzung).

Das Unpsychologische in den fehlerhaften Formulierungen liegt darin, daß das Schwergewicht nicht auf Chef, sondern auf **„ich"** (= Sekretärin oder Telefonistin) liegt. Und der **Grund** des Anrufs hat mit der Namensnennung ohnehin nichts zu tun.

10.5 Abwesenheit gewünschter Gesprächsteilnehmer

Fehler: Der gleiche Fehler wird übrigens sehr häufig gemacht, wenn der gewünschte Gesprächsteilnehmer nicht da ist: ohne überhaupt Hilfe angeboten zu haben, fragt man gleich nach dem Grund des Anrufs. Wer aber eine Dienstleistung bringt, sollte **nicht** ständig **fordern,** sondern **geben** (der Stamm des Wortes liegt auf „dienen" ..., um sich etwas zu **verdienen!)** Das ist doch schließlich das Merkmal jeder Dienstleistung, daß man anderen etwas **bringt!**

Verbesserungsvorschläge:

- Informieren Sie den Anrufer darüber, wann der gewünschte Gesprächspartner wieder erreichbar ist (in 5 Minuten, 2 Stunden, 3 Wochen).

- Fragen Sie, ob Sie

  - weiterhelfen
  - weiterverbinden
  - etwas ausrichten oder
  - zurückrufen können

10.6 Verhörsituation am Telefon

Führungskräfte und andere gestreßte Personen beklagen sich oft darüber, daß ihnen am Telefon erst ein halber Lebenslauf abverlangt wird, bevor man sie weiterverbindet. Das kommt einer Verhörsituation gleich, und da sträubt sich einem schnell das Gefieder.

Die häufigsten unerwünschten Fragen nach dem Grund eines Anrufs lauten:

Fehler: *„Worum handelt es sich denn?"*
„Um was geht es denn?"
„In welcher Angelegenheit rufen Sie an?"

Begründung: Bei einer **Handlung** oder **Angelegenheit** entsteht aber der Eindruck von **viel** Information und inquisitorischer Befragung.

Der Anrufer soll aber genau das gegenteilige Gefühl vermittelt bekommen, nämlich:

- hier sind Sie an der richtigen Stelle
- wir sind für Ihr Anliegen da
- wir wollen Ihnen helfen
- wir wollen etwas **für** Sie tun
- und dafür brauchen wir **nur** eine **Kurz**information

Dabei sollte man partnerorientiert und einfühlsam vorgehen.

Verbesserungsvorschläge: Eine Möglichkeit wäre die ganz gezielte Kurzfrage nach

- Akten- oder Diktatzeichen
- Betreff eines Briefes
- Mitglieds-, Kunden-, Objekt- oder Versicherungsnummer, nach Bestell- oder Rechnungsnummer

Fragen Sie:

- *„Darf ich Sie um ... bitten"*

oder

- *„Würden Sie mir bitte ... nennen."*

Solche Fragen vermitteln ein individuelles Gefühl und haben nichts mit Aushorchen zu tun, genau wie die Frage:

- *„Könnten Sie mir bitte ein Stichwort zum Sachverhalt geben?"* (klingt nach wenig)

Erfahrungsgemäß gibt ein so harmlos befragter Anrufer freiwillig mehr als **ein** Wort von sich.

Auch eine Sekretärin ist nicht auf abgewirtschaftete Phrasen angewiesen; sie könnte je nach Situation zum Beispiel fragen:

Verbesserungsvorschläge:

- *„Darf ich Sie um eine kurze Vorinformation für Herrn X bitten?"*
- *„Herr X (oder: mein Chef) wäre über eine Kurzangabe zum Grund des Anrufes sehr dankbar."*
- *„Herr X (oder: mein Chef) erwartet von mir immer eine Gedächtnisstütze/einen kurzen Hinweis über den Anruf."*
- *„Ist Herrn X der Sachverhalt bekannt?"*
- *„Darf ich mir zum Sachverhalt eine kurze Notiz machen?"*
- *„Darf ich etwas ausrichten?"*
- *„Möchten Sie eine Nachricht hinterlassen?"*
- *„Wünschen Sie, daß ich Herrn X etwas übermittle?"*
- *„Braucht Herr X dazu noch Informationen?"*
- *„Rufen Sie noch einmal an?"*

So angemessen diskret gefragt, dürften Sie kaum Widerstand beim anderen erzeugen.

10.7 Indiskrete Fragen

Hier sei mir ein Hinweis aus eigener Erfahrung gestattet:

Indiskretion scheint bei manchen Menschen **grenzenlos** zu sein, wobei ich nicht sagen kann, warum.

- Will man sich am Schock des anderen ergötzen?
- Will man dem anderen Unterlegenheitsgefühle vermitteln?
- Oder will man nur die eigene Taktlosigkeit demonstrieren?

Wie heißt es da so schön:

Takt ist das absolute Gehör des Herzens

Aber da gibt es eben doch gewaltige Unterschiede in der Hörschärfe. Auf jeden Fall wird nicht jeder bereitwillig und gerne antworten auf Detailfragen nach Verdienst/Finanzen, Alter, Schulbildung, Krankheiten, Familienverhältnissen oder nach sonstiger Intimität.

Auf diese Weise hat schon manche Geschäftsbeziehung gelitten, weil die nachträgliche Enttäuschung weitere Kontakte sterben ließ.

Übrigens: In dem Zusammenhang habe ich Fehlverhalten auf beiden Seiten beobachten können, beim Frager und beim Befragten; deshalb hier ein paar Tips für positive Reaktionen, die Klimastörungen gar nicht aufkommen lassen.

10.8 Positive Reaktionen auf indiskrete Fragen

- Grund nennen, warum man im Moment nicht antworten möchte (z.B. Antwort zu belastend, zu zeitraubend, jetzt unpassend usw.)

- Sagen, daß man Interesse gut verstehen kann, und um Verständnis bitten, daß man sich jetzt dazu (im einzelnen) nicht äußern möchte

- Ich-Botschaft anwenden, z.B.
  - *„Ich fühle mich jetzt direkt überrumpelt."*
  - *„Ich könnte darauf jetzt gar keine zufriedenstellende Antwort geben."*

- Mit Humor kontern, z.B. *„Ich werde mal kurz nachdenken, welche ‚unpassende' Antwort mir dazu einfällt."*

- Zweifel äußern, z.B.
  - *„Sie machen Spaß"* oder
  - *„Das wollen Sie doch nicht wirklich wissen."*

- Lächelnd sagen, daß Sie mit dieser Frage direkt gerechnet haben (sie wird häufig gestellt) und weitersprechen

- Gegenfrage stellen (vorsichtig ergründen), z.B. *„Was interessiert Sie denn daran am meisten?"*

- Lächeln und übergehen

- Frage überhören

- Ehrliche Antwort geben (keine Details)

- Antwort auf später verschieben (eventuell als Frage formulieren)

- Charmante Äußerungen nach eigener Wahl

10.9 Unterbrechungen beim Telefonieren

Durch Vorgesetzte

Wie in den vorangegangenen Kapiteln schon erwähnt, können selbst stabile Persönlichkeiten recht vielfältig aus dem Konzept gebracht werden.

Fehler: Schier unerschöpflich allerdings scheint mir da der Ideenreichtum von Vorgesetzten zu sein. Ihr Besitzanspruch an die Sekretärin steigt meist dann ins Uferlose, wenn das Telefon klingelt und sie den Hörer abnimmt.

Begründung: Ab jetzt läufts stereo; von wegen „Öffentlichkeitsarbeit" und „effektive Kommunikation"!

Viele telefonierende Menschen schaffen diesen Balanceakt nicht, obwohl sie zwei gesunde Ohren haben. Die meisten können ihre **volle Aufmerksamkeit** zur gleichen Zeit nur **auf eine** Person oder Sache richten.

„Die Richtung Ihrer Augen gibt die Richtung Ihres Interesses an."

Wie das Bild zeigt, kann es sonst leicht Doppeldeutungen und Mißverständnisse geben.

Was allerdings wesentlich bedenklicher stimmt, ist das Desinteresse, das dem Anrufer entgegengebracht wird und das er deutlich als solches empfindet. Und Mißachtung anderer läßt ja – wie schon erwähnt – Schlüsse auf fehlende Selbstachtung zu.

Verbesserungsvorschläge:

- Beim ersten Unterbrechungsversuch lächeln, Achseln zucken, weiterreden (Entlastungsformular für Chefnotiz bereithalten).

- Beim zweiten Unterbrechungsversuch anschließend auf persönliche Schwierigkeiten hinweisen, zum Beispiel:

  „Ich schaffe es nicht, mich gleichzeitig voll auf Sie und den Anrufer zu konzentrieren." (Ich-Botschaft)

- Dem Chef sagen, daß Ihrer Meinung nach diese Art der Gesprächsführung als Desinteresse gedeutet wird (was ja stimmt), zum Beispiel:

  „Nach den Reaktionen meiner Gesprächspartner zu urteilen, empfinden die meisten solche Unterbrechungen als mangelndes Interesse." (Sie fühlen sich beiseite geschoben.)

- Bei gnadenlos-dauerunterbrechenden Chefs dem Anrufer kurz und freundlich sagen, **wer** Unterbrechung wünscht:

  „Entschuldigung, mein Chef, Herr X, bittet um eine kurze Unterbrechung."

  Dies ist als Beruhigung und als Hinweis auf „höhere Gewalt" gedacht, damit der Anrufer auch hier nicht denkt, **Ihrer** Willkür und Laune ausgeliefert zu sein. Vielleicht verringert sich ja sein Ärger ein wenig bei dem Gefühl von „Höherer Ebene".

Durch ankommende Telefonate

Wer anruft, hat ein Ziel, und Hindernisse auf dem Weg zum Ziel machen aggressiv. Ein menschliches Handicap habe ich eben genannt; ein technischer Nervtöter ist das Dauerläuten am Zweitapparat, während man nach viel zu langer Wartezeit (ohne Zwischeninformation!) endlich den gewünschten Partner an der Leitung hat.

Man spürt plötzlich die Halbherzigkeit, mit der der andere sich einem widmet, man spürt seine unterdrückte Wut gegenüber der Organisation im eigenen Laden, und man spürt förmlich, daß er sich der Grenze seiner eigenen Ohnmacht nähert (täglich dasselbe Spiel!!).

Doch bevor es ihn umschmeißt, schmeißt er lieber den Anrufer aus der Leitung mit einem knappen *„Moment mal, der andere Apparat läutet!“*

Bei besonders bedenklicher Organisation, technisch oder personell, kann man während **eines** Telefonats sogar mehrfach auf eigene Kosten „ruhiggestellt“ werden. Verständlich, daß man sich um Kontakte zu solchen Firmen förmlich reißt!

Mal ehrlich: Wer läßt sich schon gern Zeit und Geld stehlen, nur weil andere ihre Schwachstellen nicht in den Griff bekommen? – Die technischen Möglichkeiten sind fast unbegrenzt.

10.10 Lange Wartezeiten beim Verbinden

Sicher hat am Telefon jeder schon mal ganz spontan seine Bereitschaft bekundet zu warten, vor allem dann, wenn er vorher vielfach vergeblich gewählt hat.

Immerhin hat man jetzt schon mal ein Lebewesen an der Leitung, glaubt man. Wenn aber dieser Mitmensch nach der Erstfrage keinen weiteren Ton mehr von sich gibt, schleichen sich Zweifel ein. „Hat er mich aus der Leitung geworfen oder vergessen, oder ist er einfach träge?“ ... Vermutungen ergeben fast immer eine Negativdeutung.

Würde man jetzt einhängen, ginge alles von vorne los; außerdem hätte man sich damit selbst zum Buhmann gemacht. Kommentarloses Einhängen ist ein Verstoß gegen die Telefonetikette.

Folgende Hauptfehler sind mir beim Weiterverbinden aufgefallen:

Fehler:

- Fehlende Zwischeninformation für den Wartenden
- falsche Zwischeninformationen, zum Beispiel:

  „Moment noch“, und schon ist der Sprecher weg, obwohl der andere vielleicht gar nicht mehr warten möchte (egal aus welchem Grund)
- versprochenes Zwischenschalten bei längerer Wartezeit wird nicht eingehalten
- zeitliche, finanzielle und psychische Kapazität des Wartenden werden überschätzt

Verbesserungsvorschläge: Überlassen Sie die Entscheidung über Neuanruf oder Warten dem Anrufer durch Fragestellung, zum Beispiel:

- *„Es ist immer noch belegt, möchten Sie noch warten?“*

  Gefühlslage und Anliegen können sich während der Wartezeit geändert haben, und das muß der Anrufer sagen dürfen.

10.11 Telefonieren im Beisein von Besuchern

Es gibt eine oft falschverstandene Faustregel, die lautet:

Anrufer hat Vorrang vor direktem Gesprächspartner

Der Ursprung dieser Regel mag darin liegen, daß ein Besucher die Gesamtzusammenhänge einer Gesprächsunterbrechung sehen und erkennen kann und deshalb eher milde gestimmt ist. Der Anrufer muß raten, und dabei kommt eben oft nichts Gutes heraus.

Allerdings sollten Milde und Geduld verständnisvoller Besucher nicht mißbraucht werden. In vielen Fällen, besonders bei Führungskräften, kann diese ständige Doppelgleisigkeit (persönliche Unterredung plus Telefonate) ohnehin nur als Mangel an Delegationsfähigkeit gedeutet werden.

Unbefriedigende Ergebnisse bei allen Beteiligten gibt es auch, wenn Schalterberatung und Telefonberatung ein und derselben Person obliegen.

Bei großer Beratungsnachfrage bilden sich hier lange Schlangen, und dort läutet pausenlos das Telefon. Das nervt und verschleißt das Personal, bis es abwandert, und es treibt die Kunden in die Hände der Konkurrenz.

Können Sie sich vorstellen, wie jemandem zumute ist, der sich schweren Herzens dazu durchgerungen hat, am Schalter (im Beisein von Mithörern) über seine Finanzen zu sprechen, und während dieser vertraulichen Beratung zirka zwölfmal durch Anrufe unterbrochen wird?

Wörtliches Zitat eines Bankkunden: „Nie wieder, lieber stecke ich mein Geld in den Sparstrumpf!“

Frage: Wie verhalten Sie sich denn gegenüber Besuchern, mit denen Sie sich gerade unterhalten, wenn ein Anruf kommt?

Antwort: Unterbrechen Sie die Unterhaltung durch eine rhetorische **Frage, bevor** Sie den Hörer abnehmen, zum Beispiel:

„Entschuldigung, darf ich mal kurz abnehmen?“

Sie verfügen ja ab jetzt auch über die Zeit des Besuchers, und das erfordert einen Dialog.

Fehler: Vermeiden Sie Monologe in Form eines Appells, sagen Sie also nicht einfach: *„Moment bitte.“*

Begründung: Auf diese indirekte Aufforderung: „Seien Sie mal ruhig und warten Sie, jetzt kommt erst der andere dran" reagieren viele Besucher recht empfindlich, zumal man sich im Streß auch noch leicht im Ton vergreift.

Auch eventuelle **Rückrufe** sollten Sie durch Fragestellung anbieten, zum Beispiel:

„Darf ich in einer halben Stunde zurückrufen?"

„Darf ich gegen . . . Uhr wieder anrufen?"

„Herr X könnte Sie gegen Mittag anrufen; ist Ihnen das recht?"

Rückrufe möglichst immer zeitlich eingrenzen.

Nebenbei: Wer versprochene Rückrufe nicht einhält, betrügt!

Merke: Ein gebrochenes Versprechen
ist ein gesprochenes Verbrechen.

11 Psychologische Aspekte

11.1 Verhalten gegenüber schwierigen Gesprächspartnern

Eine besondere Art täglicher Herausforderung am Telefon ist der Umgang mit schwierigen Personen, das heißt mit solchen, die wir für schwierig halten. Je weniger man über das Sozialverhalten, also den Umgang mit anderen, gelernt hat, desto größer kann die Unsicherheit auf diesem Gebiet sein.

Natürlich ist Unsicherheit bei uns oder bei anderen an verschiedenen Signalen erkennbar, am deutlichsten allerdings an Feindseligkeit. Anders ausgedrückt: Je unsicherer ein Mensch ist, desto schneller wird er igelig und feindselig. Er fühlt sich meist persönlich betroffen, angegriffen, ausgenützt oder nicht ernst genommen. Und das wiederum ist seine Abhängigkeit von den Gefühlen anderer.

Hier sind ein paar Tips, die es Ihnen ermöglichen, auch in extremen Streßsituationen gelassen zu reagieren:

- **Umständlicher Anrufer**

Frage: Wie können Sie von einem **umständlichen Gesprächspartner** möglichst schnell den Grund seines Anrufes erfahren?

Antwort: Steigen Sie bei einem seiner Pausenfüller (äh ... öh ... ja ... und ...) gleich mit einer Frage ein, zum Beispiel:

- *„Was kann ich für Sie tun?"*
- *„Wie kann ich Ihnen weiterhelfen?"*
- *„Womit kann ich Ihnen behilflich sein?"*

Bei besonders umständlichen Anrufern empfiehlt sich die detailiert-gezielte Frage, z.B.

„Handelt es sich um eine Bestellung, Lieferung, Vertragsverlängerung?"

Der Umständliche

Fehler: Kugeln Sie nicht entsetzt mit den Augen und stöhnen Sie nicht (hört man!), sondern seien Sie einfach weniger umständlich als der Anrufer. Das wäre **Ihre** Überlegenheit.

Pochen Sie aber auch hier nicht auf Ihr Informationsrecht, und lassen Sie den anderen nicht symbolisch strammstehen durch den Einwurf: *"Worum geeeht's denn?"*

Begründung: Der Anrufer ist nicht Ihr Schützling und Sie nicht sein Erzieher; und denken Sie bitte daran: **Erfolgreiche** Menschen sind nicht fremdgesteuert, sie bestimmen alleine, wie sie sich fühlen wollen.

Merke: Unabhängigkeit ist Macht.

- **Aggressive, grobe Gesprächspartner**

Streitsüchtige Menschen wollen provozieren, um sich abzureagieren; sie wollen andere zu Fehlhandlungen verleiten, um vom eigenen Fehlverhalten abzulenken.

Frage: Wie verhalten Sie sich gegenüber groben, aggressiven Gesprächspartnern?

Antwort:

- Selbstverständlich genau konträr! Oberstes Gebot: Sofortige Zuwendung!

  Wenden Sie sich dem erregten Anrufer und seinem Anliegen sofort zu; damit zeigen Sie Ihr Bemühen, seine Empfindungen zu verstehen. Der Anrufer fühlt sich ernst genommen.

- Betrachten Sie sich ausschließlich als Durchgangsstation. Der Anrufer meint vorrangig sein Problem, nicht Sie; oft kennt er Sie ja nicht einmal. Er würde jedem erregt begegnen, auch dem Direktor, falls er abnähme.

- Bleiben Sie ruhig und sachlich. Auf persönliche Angriffe sollte man immer mit extremer Sachlichkeit reagieren. Reden Sie weniger, fragen Sie mehr. Das bringt den Partner vom emotionalen in den rationalen Bereich (Kopfbereich).

Falschbeispiele: Hier ein paar abschreckende Beispiele aus der Praxis:

Angriff durch Anrufer: *„Was bilden Sie sich eigentlich ein, Sie aufgeblasene Tante, Sie lassen mich hier stundenlang in der Leitung hängen ..."*

Fehlreaktionen: *„Das stimmt überhaupt nicht, es hat nur viermal geläutet."*

„Ich habe ja schließlich noch was anderes zu tun ..."

„Ich verbitte mir diesen Ton."

„Regen Sie sich nicht so auf, ich bin auch nur eine Angestellte."

Kommentarloses Einhängen

(Alles schlechte Visitenkarten für die Firma)

Verbesserungsvorschläge: Sagen Sie zum Beispiel:

- *„Entschuldigung, bei uns ist heute besonders viel los; was kann ich bitte für Sie tun?"*

- *„Entschuldigung, heute läuten immer alle Telefone gleichzeitig ... aber jetzt bin ich ausschließlich für Sie da."*

Begründung:

- Wenn Sie Sachliches von Persönlichem trennen, bleibt nur die Zeitnot des Anrufers übrig, und dort steigen Sie ein.

  Also: keine Beleidigung, Verteidigung, Belehrung, Schuldzuweisung und kein Fluchtverhalten (Einhängen). Zeigen Sie emotionelle Stabilität. Das ist ein Zeichen seelisch-geistiger Gesundheit.

- Wahren Sie Ihr eigenes Niveau, denn wenn Sie sich ständig auf das Niveau anderer Menschen begeben, verleugnen Sie Ihre Persönlichkeit. Und im Laufe der Zeit führt diese Persönlichkeitsverleugnung zur Persönlichkeitsentfremdung, genannt Neurose.

In diesem Zusammenhang noch eine Frage:

Frage: Welche Nachteile bringt Ärger während des Telefonats?

Antwort:

- man rutscht in den Bauchbereich
- man neigt zu impulsivem Handeln, also einem Impuls folgend, ohne die Konsequenzen zu bedenken
- man ist nicht mehr geistesgegenwärtig
- man kann sich nur schlecht konzentrieren
- man kann nicht gut argumentieren
- Mißverständnisse entstehen
- man verliert das Ziel aus den Augen

Empfehlung: Da Ärger immer eine destruktive Selbstbehinderung ist, empfiehlt es sich, Ärgersituationen zu verringern, zum Beispiel dadurch,

- daß man an das Verhalten anderer keine Erwartung knüpft
- daß man sein Selbstwertgefühl steigert
- daß man lernt, Dinge anders zu bewerten

Dauerredner

Daß es relativ viele Anrufer gibt, die kein Gesprächsende finden, ist bekannt; daß es aber so auffällig wenig Dialogpartner gibt, die rechtzeitig und gekonnt Hilfe fürs Gesprächsende bieten, das hat mir erst die Praxis gezeigt.

Alles kann man beobachten, entsetztes Augenkugeln und andere mimische Künste jeder Art, Grimassieren und Gestikulieren, nur, um der Umwelt die Pein zu verdeutlichen, die einem der Dauerredner verursacht.

Allerdings zeigt man damit ja noch kein Verständnis für das erhöhte Mitteilungsbedürfnis des anderen (Verständnis kommt von „Verstand"). Außerdem hat man durch das abwertende Gebaren noch längst nicht die eigene Überlegenheit bewiesen.

Dauerredner

Frage: Wie verhalten Sie sich denn gegenüber einem Dauerredner, der ständig dasselbe wiederholt?

Antwort: Steigen Sie bei einer Schnaufpause oder am Satzende **blitzartig** in das Gespräch ein, und übernehmen Sie durch geschickte Fragetechnik selbst die Regie, zum Beispiel:

Beispiel: *„Darf ich bitte mal kurz zusammenfassen?"*

Nach einer Kurzzusammenfassung beenden Sie dann höflich und diensteifrig das Gespräch.

Bemerkung: Sprechen und Denken sind ja bekanntlich identisch, anders gesagt: Sprechen ist lautes Denken, und so sind Langatmigkeit und Weitschweifigkeit auch meist Zeichen sprachlicher und gedanklicher Unbeholfenheit.

Da aber bei einem Dialog die Verantwortung über den Gesprächsverlauf zumindest zu 50 % bei Ihnen liegt, läge auch der Ansatzpunkt zur Verbesserung bei Ihnen.

● Der Schnellredner

Schnelldenker sind oft auch Schnellredner. Sie unterscheiden sich von hektisch-unsicheren Schnellrednern dadurch, daß man sie versteht. Die nervösen verschlucken oft Endsilben oder nuscheln.

Trotzdem gilt es in beiden Fällen, **genau** aufzupassen und sich ab und zu **ein Stichwort** zu notieren.

Vergleichbar ist überschnelles Reden am ehesten mit schwülstigen Geschäftsbriefen voller Phrasen, Wiederholungen und Langatmigkeiten. Was bei solchen Briefen der Markierungsstift ist, mit dem man nur wesentliche Fakten markiert, ist am Telefon eben das Stichwort, das man zum Einstieg braucht.

Und falls Sie einmal etwas nicht verstehen, bitte auch hier keine Schuldzuweisung. Nehmen Sie es auf sich und sagen Sie zum Beispiel:

„Entschuldigung, ich habe nicht alles verstanden“

oder

„Könnten Sie das bitte wiederholen?“

● Arrogante Anrufer

Eine ganz besondere Gattung Mensch sind die arroganten Anrufer, die sich ganz offensichtlich an Unsicherheit und Unterlegenheitsgefühlen anderer laben. Dies tun sie deshalb, weil sie selbst meist zutiefst verunsicherte Menschen sind, deren ganzes Bemühen darum kreist, die eigenen Minderwertigkeitsgefühle zu verbergen.

Frage: Wie kann es nun zu solchen Komplexen bei erwachsenen Menschen kommen, oder anders gefragt, was kann die Ursache für dieses Verhalten sein?

Antwort: Die Ursache sind fast immer schädliche Umwelteinflüsse während der Kindheit. Jeder Mensch braucht ja täglich das legitime Mindestmaß an Anerkennung, sonst gibt es psychische Störungen (Mindestmaß Lob : Tadel = 2 : 1).

Wenn nun jemand als Kind mehr Gebote, Verbote oder Tadel bekam, also zuwenig Lob und Anerkennung, dann hat er eben ein entsprechend großes Defizit an Anerkennung; möglicherweise hat er viele Jahre lang defizitär gelebt.

Es entstanden Gefühle der Minderwertigkeit, und seine Psyche schreit nun förmlich nach einem Ausgleich.

So ein Mensch wird ständig Dinge tun und sagen, durch die er sich Anerkennung und Zuwendung erhofft.

Frage: Wie verhält man sich nun einem arroganten Menschen gegenüber?

Antwort: Wenn es Ihr Ziel ist, mit einem arroganten Anrufer klarzukommen, dann wären Tadel, Zweifel, Widerspruch reines Gift.

Akzeptieren Sie sein Bedürfnis und lassen Sie seine vermeintliche Überlegenheit ohne einen Hauch von Mißtrauen gelten. Andernfalls würden Sie sich selbst verdächtig machen.

11.2 Kommunikationsförderndes Verhalten

Selbstverständlich kann es manchmal trotz der Beachtung aller Tips und Hinweise erforderlich sein, etwas zu bemängeln.

Dabei gilt **Regel Nr. 1:**

Bei **Lob** →	über die **Person** sprechen
Bei **Tadel** →	über die **Sache** sprechen

Regel Nr. 2:

Kritikregeln beachten!

Wesentliche Gesprächs- und Verhaltensregeln für Kritiker

Bevor man kritisiert, sollte man sich fragen:

- Motiv? → Warum kritisiere ich?
- Kompetenz? → Kann ich es beurteilen?

Konsequenz

a) Bei negativer Antwort auf eine oder beide Fragen Kritik unterlassen

b) Bei positiver Antwort Kritik aussprechen und dabei folgende Regeln beachten.

↓

- Kritik immer direkt äußern, nie über Dritte
- Kritik nur unter vier Augen (ausgenommen Lernsituation)
- Kritik möglichst mit Anerkennung einleiten, dann erst die Beanstandungen
- Kritik objektiv und sachlich vorbringen, also:

- keine Ironie
- keine Verschlüsselung
- keine Vergröberung oder Übertreibung
- keine Herabwürdigung der Person
- aber auch keine Entschuldigung der Kritik
- keine Pauschalausdrücke (immer, ständig, alle, nie)

- Kritik vernünftig dosieren
  - jeden Punkt gesondert durchsprechen
  - Zeit zum Verarbeiten lassen
  - Gelegenheit zur Erwiderung geben
- der Wahrheit die mildeste Form geben
- Du-Botschaft vermeiden, Ich-Botschaft anwenden*
- Sachverhalt knapp und präzise darstellen, nicht durch ständiges Umformulieren breittreten
- keine Vergleiche mit anderen
- nicht auf vergangenen Fehlern herumreiten
- nicht die Person endgültig abwerten (*„das lernen Sie nie“*)
- möglichst mit einem ermutigenden Ausblick schließen

---

* Du-Botschaft: *„Das sehen Sie ganz falsch.“*
Ich-Botschaft: *„Ich sehe das anders.“*

11.3 Zusammenfassung

Hier noch einmal die wesentlichen Tips über den Umgang mit schwierigen Partnern auf einen Blick:

Fehler des Gesprächspartners	Korrekte Reaktion
• Unsachlichkeit/ persönlicher Angriff	Sachlichkeit/ Person ausklammern
• Umständlichkeit	kurz und prägnant zur Sache kommen
• zielloses Reden	gezielte Fragen stellen
• Dauerreden	bei Schnaufpause mit Fragen einsteigen
• überschnelles Sprechen	Stichworte aufgreifen
• Erregung	Ruhe bewahren
• Rechthaberei	unterschiedliche Standpunkte konstruktiv besprechen
• Verweigerung des Namens/ anonyme Anrufer	- Namen höflich erbitten - auf Auftrag des Chefs verweisen - anbieten, Anliegen schriftlich vorzutragen
• indiskrete Befragung	Positivreaktionen wählen (Seite 47)
• Provokation	- nicht provozieren lassen - eigenes Niveau wahren - Stabilität beweisen
• unberechtigtes oder falsches Kritisieren	- Motiv und Kompetenz des Kritikers prüfen - Kritikregeln beachten
• arrogantes Verhalten	- Bedürfnis akzeptieren - Anerkennung geben

Wenn es nach wie vor Ihr Ziel ist, erfolgreich zu telefonieren, so wird Ihnen das bei Beachtung der Tips und Hinweise in dieser Broschüre garantiert gelingen.

Das Erfreuliche im Umgang mit Menschen ist ja, daß man immer auf der Stelle eine Echowirkung bekommt; ob Tadel oder Anerkennung, das liegt meistens an einem selbst, denn in der Regel bekommt man, was man gibt.

Möchten Sie mehr Lebensfreude durch Positivreaktionen? Dann seien Sie positiv!

Ich wünsche Ihnen dabei viel Erfolg.

Stichwortverzeichnis